燕语声声

YAN YU SHENG SHENG

幼小衔接经典诵读

上

朱　峰　　刘一明　主编

济南出版社

图书在版编目（CIP）数据

燕语声声：幼小衔接经典诵读 / 朱峰，刘一明主编.

济南：济南出版社，2024. 7. -- ISBN 978-7-5488

-6626-8

Ⅰ. G613.2

中国国家版本馆 CIP 数据核字第 2024PZ8771 号

燕语声声：幼小衔接经典诵读

YAN YU SHENG SHENG YOUXIAO XIANJIE JINGDIAN SONGDU

朱　峰　刘一明　主编

出 版 人　谢金岭

责任编辑　毕姗姗

装帧设计　纪宪丰　张　倩

出版发行　济南出版社

地　　址　山东省济南市二环南路 1 号（250002）

总 编 室　0531-86131715

印　　刷　济南继东彩艺印刷有限公司

版　　次　2024 年 7 月第 1 版

印　　次　2024 年 8 月第 1 次印刷

开　　本　170mm×230mm 16 开

印　　张　11.25

字　　数　84 千字

书　　号　ISBN 978-7-5488-6626-8

定　　价　36.00 元（上下册）

如有印装质量问题 请与出版社出版部联系调换

电话：0531-86131716

编委会

主　编：朱　峰　　刘一明

副主编：边敦明　　胡红霞

编　写：张凤英　　张　玄　　李莉娜　　陈子荷

　　　　李春燕　　吴冬梅　　胡　娟　　王　真

　　　　王　宁　　赵珂珂　　蔡文静　　赵　敏

　　　　郑　学　　郭建华　　贾义娜　　曹忠凯

　　　　齐晓菲　　朱梓菲

在晨光中长大

翻阅《燕语声声：幼小衔接经典诵读》，不由得想起著名特级教师周益民的《儿童的阅读和为了儿童的阅读》一书封面上的一首小诗：

走了那么久，我们去寻找一盏灯 / 金菊是它的颜色 / 钻石是它的明亮 / 挂呀，挂呀 / 挂在每间教室的门口 / 所有看到它的孩子 / 都会在晨光中长大

这盏挂在每间教室的灯，就是诵读。诵读即出声朗读，它是我国传统语文重要的学习方式。清代曾国藩谈到自己的诵读体会时曾说："非高声朗读则不能展其雄伟之概，非密咏恬吟则不能探其深远之韵。"诵读经典诗文不仅可以帮助儿童了解事物、认识世界，还能涵养语感，使他们受到美的熏陶、智慧的启迪和文化的浸润。

济师附小向来重视学生的阅读，不久前，学校主

持的山东省基础教育改革项目"第二本书进课堂"顺利结项。这次幼小衔接经典诵读读本的编撰，更是学校经典育人、文化育人的创新性举措。翻阅这本诵读书，我感受到三个明显特点：第一，富有文学性。诵读书的内容包括现代诗歌和经典古诗文（含蒙学读物），选文大多是古今中外的名家名篇，这些作品文质兼美，轻快活泼，富有节奏，易于诵读，能让孩子受到很好的文学熏陶。第二，具有生活性。本书的编写者在挑选作品时，特别注意作品主题与入学适应期儿童学习生活的衔接，不少诗文直接引导学生掌握学习常规、融入校园生活。第三，注重文化性。在这本书中，除了每单元都设有的经典诗文板块之外，还特设了"汉字""家国"等主题单元，让孩子们体会中国文化的特点，在潜移默化中增强文化自信。

琅琅书有声，育人细无痕。

带着孩子们开始读吧！有经典相随，有诗书相伴，孩子们将在晨光中慢慢长大。

林志芳

目录

第一部分

成长初体验

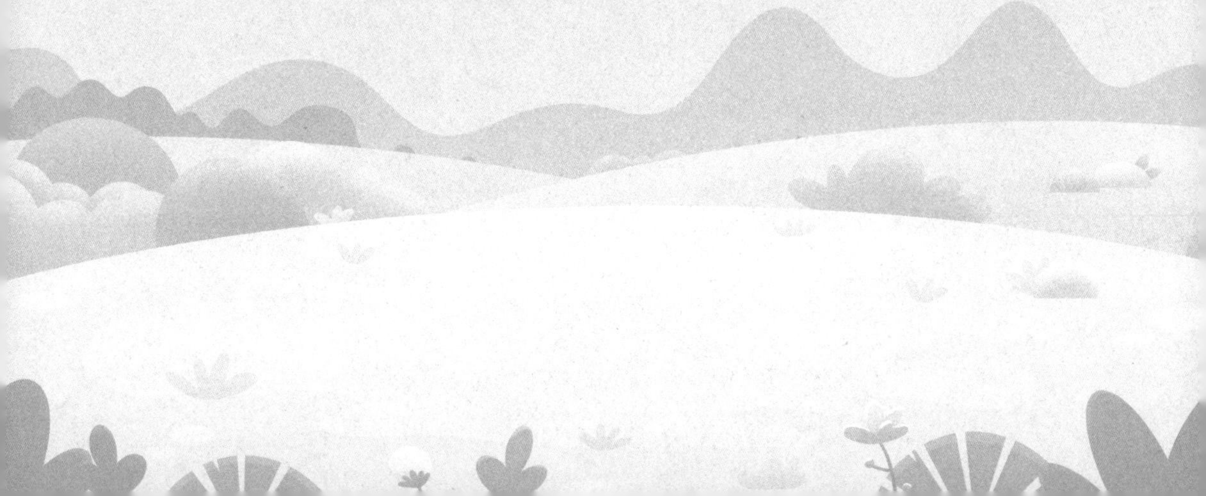

妈妈说，长大是件快乐的事情，在成长中我们能学得知识，在成长中我们能收获幸福。让我们开启一段美好的旅程吧！

第1单元　我是小学生

　　欢迎来到小学生的世界！从今天起，在这里，我们学习知识，放飞梦想；从今天起，在这里，我们认识新的朋友，一起快乐成长；从今天起，在这里，我们习得礼貌，争做"文明小标兵"！

好朋友

hǎo péng you

fán fā jià
樊发稼

金钩钩，
jīn gōu gōu

银钩钩，
yín gōu gōu

请你伸出小指头，
qǐng nǐ shēn chū xiǎo zhǐ tou

结结实实勾一勾。
jiē jiē shí shí gōu yi gōu

勾一勾，
gōu yi gōu

点点头，
diǎn diǎn tóu

一起唱歌又跳舞，
yì qǐ chàng gē yòu tiào wǔ

我们都是好朋友。
wǒ men dōu shì hǎo péng you

shù zì gē
数 字 歌

jīn jìn
金 近

yī èr sān
一 二 三，

pá shàng shān
爬 上 山，

sì wǔ liù
四 五 六，

fān jīn dǒu
翻 筋 斗，

qī bā jiǔ
七 八 九，

pāi pí qiú
拍 皮 球，

shí gè shǒu zhǐ tou
十 个 手 指 头，

jiù shì liǎng zhī shǒu
就 是 两 只 手 。

xiǎo là bǐ
小蜡笔

wú shào shān
吴少山

huà píng guǒ　　　píng guǒ xiāng
画苹果，苹果香。

huà xiǎo niǎo　　　xiǎo niǎo chàng
画小鸟，小鸟唱。

huà xīng xing　　　xīng xing liàng
画星星，星星亮。

xiǎo là bǐ　　　nǐ zhēn bàng
小蜡笔，你真棒！

山村咏怀
shān cūn yǒng huái

sòng　shào yōng
〔宋〕邵 雍

yí　qù　èr　sān　lǐ
一 去 二 三 里，
yān　cūn　sì　wǔ　jiā
烟 村 四 五 家 。
tíng　tái　liù　qī　zuò
亭 台 六 七 座，
bā　jiǔ　shí　zhī　huā
八 九 十 枝 花 。

我会理解

　　一眼看去有二三里远，薄雾笼罩着四五户人家。村庄旁有六七座凉亭，还有许多鲜花正在绽放。

弟子规
(dì zǐ guī)

[清]李毓秀
(qīng lǐ yù xiù)

总叙
(zǒng xù)

《弟子规》，圣人训。
(dì zǐ guī) (shèng rén xùn)

首孝悌，次谨信。
(shǒu xiào tì) (cì jǐn xìn)

泛爱众，而亲仁；
(fàn ài zhòng) (ér qīn rén)

有余力，则学文。
(yǒu yú lì) (zé xué wén)

入则孝（节选）
(rù zé xiào) (jié xuǎn)

父母呼，应勿缓；
(fù mǔ hū) (yìng wù huǎn)

父母命，行勿懒。
(fù mǔ mìng) (xíng wù lǎn)

父母教，须敬听；
(fù mǔ jiào) (xū jìng tīng)

父母责，须顺承。
(fù mǔ zé) (xū shùn chéng)

我会理解

　　《弟子规》，原名《训蒙文》，是清朝李毓秀所作。该文共有五个部分，首章"总叙"将孔子的话改编成三字句，主要列举了为人子弟在家、外出时待人、接物、处世、求学应有的礼仪规范。

　　首先要孝顺父母、尊重兄长；其次要做事谨慎，为人真诚。做人要有爱心，亲近道德高尚的人。如果还有多余的精力，就应该多读书、多学习。

　　父母呼唤你，应该及时答应，不要拖延；父母要求你做的事，要马上去做，不要拖拉偷懒。父母教导我们做人处事的道理，应该恭敬地聆听；做错了事，父母责备教训时，应当顺从接受，不可强词夺理。

第 2 单元　生活好习惯

　　叶圣陶爷爷说，我们从小就要养成良好的习惯。每一个好习惯都像一颗美丽的珍珠，穿在一起，就变成了闪耀的项链。在成长的路上，让我们一起捡拾珍珠。

小黄狗上课

邓小秋

小黄狗，真糟糕，
上课学习坐不牢。
板凳好像有根刺，
扭来扭去真难熬。

窗外白兔追着跑，
树上麻雀叽叽叫。
一只飞机天上飞，
逗得黄狗向外瞧。

半堂课，已上好，
小黄狗一句没听到。

lǎo shī hǎn tā dá wèn tí
老 师 喊 他 答 问 题，
tā hóng zhe liǎn shuō
他 红 着 脸 说：
bù zhī dào
"不 知 道 ——"

bàn ban gē
半半歌

zhāng qiū shēng
张 秋 生

yǒu gè hái zi jiào bàn ban
有个孩子叫半半，

qǐ chuáng yǐ jīng qī diǎn bàn
起床已经七点半。

xié zi chuān yí bàn
鞋子穿一半，

liǎn ér xǐ yí bàn
脸儿洗一半，

zǎo fàn chī yí bàn
早饭吃一半，

kè běn dài yí bàn
课本带一半。

shàng xué lù shàng bàn ban pǎo
上学路上半半跑，

guāng zhe yì zhī xiǎo jiǎo bǎn
光着一只小脚板。

称 呼 歌

爷爷 奶奶 伯伯 叔，

爸爸 妈妈 姨 和 姑。

哥哥 姐姐 妹 兄 弟，

外公 外婆 舅 父 母。

长辈 要 用 尊称 您，

你 我 他 她 都 称 呼。

hàn yuè fǔ jié xuǎn
汉乐府（节选）

cháng gē xíng
长歌行

qīng qīng yuán zhōng kuí　　zhāo lù dài rì xī
青 青 园 中 葵 ，　　朝 露 待 日 晞 。

yáng chūn bù dé zé　　wàn wù shēng guāng huī
阳 春 布 德 泽 ，　　万 物 生 光 辉 。

cháng kǒng qiū jié zhì　　kūn huáng huá yè shuāi
常 恐 秋 节 至 ，　　焜 黄 华 叶 衰 。

bǎi chuān dōng dào hǎi　　hé shí fù xī guī
百 川 东 到 海 ，　　何 时 复 西 归 ？

shào zhuàng bù nǔ lì　　lǎo dà tú shāng bēi
少 壮 不 努 力 ，　　老 大 徒 伤 悲 。

我会理解

　　园中的葵菜郁郁葱葱，晶莹的朝露等待阳光照耀。春天给大地普施阳光雨露，万物生机盎然，欣欣向荣。常担心那肃杀的秋天来到，树叶黄落，百草也凋零。百川奔腾着向东流入大海，何时才能重新返回西归？年轻力壮的时候不奋发图强，到老悲伤也没用了。

sān zì jīng （jié xuǎn）
三字经（节选）

sòng wáng yìng lín
［宋］王应麟

rén zhī chū　　　xìng běn shàn
人之初，性本善。

xìng xiāng jìn　　xí xiāng yuǎn
性相近，习相远。

gǒu bú jiào　　　xìng nǎi qiān
苟不教，性乃迁。

jiào zhī dào　　　guì yǐ zhuān
教之道，贵以专。

我会理解

　　人生来是善良的。这种善良的本性，人与人都差不多，但是后来因所处的环境不一样，性情上就会产生很大的差别。如果从小不接受好的教育，善良的本性就会发生变化。教育最根本的法则，就是教人专心致志、持之以恒。

第 3 单元 校园乐趣多

走在校园里，我们和小鸟打招呼，和鲜花点头微笑，和同学们诵读经典……校园乐趣多，我爱我们的校园！

耕耘与收获

刘诗琳

一个农民说

他喜欢在春天挥洒汗水

期盼播种

一个农民说

他喜欢在秋天挥洒汗水

期盼收割

期盼丰收

他们都知道

付出就会有收获

xiǎo niǎo yīn fú
小鸟音符

kē yán
柯岩

xiǎo niǎo　　xiǎo niǎo
小鸟，小鸟，

nǐ men wèi shén me
你们为什么

bú zuò zài gāo gāo de shù shāo
不坐在高高的树梢？

xiǎo niǎo　　xiǎo niǎo
小鸟，小鸟，

nǐ men wèi shén me
你们为什么

zài diàn xiàn shàng lái huí tiào yuè
在电线上来回跳跃？

míng bái le　　míng bái le
明白了，明白了，

nǐ men cuò bǎ diàn xiàn dàng chéng wǔ xiàn pǔ le
你们错把电线当成五线谱了。

xiǎo niǎo yīn fú
小鸟音符，

hē　　yīn fú xiǎo niǎo
呵，音符小鸟——

duō me měi lì de qǔ diào
多么美丽的曲调……

如果我是一片雪花

金波

如果我是一片雪花，

你猜我会飘落到什么地方去呢？

我不愿飘到小河里，

变成一滴水，

和小鱼小虾游戏。

我不愿飘到广场上，

堆个胖雪人，

望着你笑眯眯。

我愿飘落在妈妈的脸上，

亲亲她，亲亲她，

然后就快乐地融化。

劝学 quàn xué

[唐] 颜真卿 táng yán zhēn qīng

三更灯火五更鸡，
sān gēng dēng huǒ wǔ gēng jī

正是男儿读书时。
zhèng shì nán ér dú shū shí

黑发不知勤学早，
hēi fà bù zhī qín xué zǎo

白首方悔读书迟。
bái shǒu fāng huǐ dú shū chí

我会理解

　　勤奋的人在三更半夜还在学习，三更的时候灯还亮着，熄灯刚躺下不久，五更的鸡就叫了，这些人又得起床忙碌了。年轻时不知道勤奋学习，到老了后悔当初为什么不勤奋一点，那时就晚了。

小儿语（节选）
xiǎo ér yǔ （jié xuǎn）

［明］吕得胜
[míng] lǚ dé shèng

nìng hào rèn cuò　　xiū yào shuō huǎng
宁好认错，休要说谎，

jiào rén shí pò　　shuí kěn zuò yǎng
教人识破，谁肯作养？

我会理解

　　宁可主动承认犯错，也千万不要说谎。如果被人识破了假话，谁还肯帮助你呢？

第4单元　美丽的祖国，我爱您

走进教室，我第一眼就看到了彩色的中国地图。碧绿的是草原，金色的是沙漠，蓝蓝的是大海，弯弯的是江河。我想说："美丽的祖国，我爱您！"

我爱祖国

我爱祖国，

爱中国的长江，

那奔腾不息的江水，

凝结着劳动人民的智慧。

我爱祖国，

爱中国的长城，

那连绵起伏的巨龙，

俯卧在中华大地上。

我爱祖国，

爱中国的每一寸国土。

我们的祖国真大

彭荆洲

我们的祖国真大。

北方，有冬爷爷的家，十月就飘雪花。

我们的祖国真大，

南方，有春姑娘的家，一年四季开

鲜花。

啊！伟大的祖国妈妈，

东西南北中的孩子，

在同一个时候，

有的滑雪，有的游泳，

有的围着火炉吃西瓜。

长城
chángchéng

古继堂
gǔ jì táng

夜晚，月亮和星星
yè wǎn yuè liang hé xīng xing

从你的臂弯升起，
cóng nǐ de bì wān shēng qǐ

清晨，你用红绸
qīng chén nǐ yòng hóng chóu

轻轻地抖出太阳一轮。
qīng qīng de dǒu chū tài yáng yì lún

你是中国健壮的胳膊呀，
nǐ shì zhōng guó jiàn zhuàng de gē bo ya

怀抱一个醒来的
huái bào yí gè xǐng lái de

中华民族之魂！
zhōng huá mín zú zhī hún

夏日绝句
xià rì jué jù

[宋] 李清照
sòng　lǐ qīng zhào

生 当 作 人 杰，
shēng dāng zuò rén jié

死 亦 为 鬼 雄。
sǐ yì wéi guǐ xióng

至 今 思 项 羽，
zhì jīn sī xiàng yǔ

不 肯 过 江 东。
bù kěn guò jiāng dōng

我会理解

活着应当做人中的豪杰，死了也要做鬼中的英雄。直到现在人们仍然怀念项羽，因为他宁肯战死也决不再回江东。

yǒng huà shān

咏华山

sòng kòu zhǔn

［宋］寇准

zhǐ yǒu tiān zài shàng
只有天在上，

gèng wú shān yǔ qí
更无山与齐。

jǔ tóu hóng rì jìn
举头红日近，

huí shǒu bái yún dī
回首白云低。

我会理解

　　只有蓝天在我们的头顶上，远远近近的山都在我们的脚下，没有哪座山能与华山一样高、一样齐。抬头望去，太阳离我们那么近；低下头看，一朵朵白云低低地飘在山腰间。

第二部分
成长初感悟

金色的阳光，洒在树叶上，洒在孩子的心上。美丽的校园，是孩子们成长的摇篮、梦想启航的地方。

第 5 单元　秋天多美丽

秋天，是一幅美丽的画卷。我们在秋风里摇摆，看柿子挂满枝头，赏落叶纷飞飘扬。美好的秋天，带给大地的是一首丰收的歌，带给我们的是一首欢乐的歌。

落叶
luò yè

cháng ruì
常 瑞

qiū fēng qiū fēng chuī chuī
秋 风 秋 风 吹 吹，

shù yè shù yè fēi fēi
树 叶 树 叶 飞 飞，

jiù xiàng yì qún hú dié
就 像 一 群 蝴 蝶，

zhāng kāi chì bǎng zhuī zhuī
张 开 翅 膀 追 追。

九月

[俄罗斯] 托克玛科娃

夏天要走了，

秋天要来了。

太阳不再那样晒人，

它藏起来了。

小雨像刚上学的小孩，

还有点害怕，

歪歪斜斜，

在窗上乱画。

秋天的童谣
qiū tiān de tóng yáo

崔 增 禄
cuī zēng lù

汗 珠 洒， 露 珠 亮， 颗 颗 粮 归 仓。
hàn zhū sǎ　lù zhū liàng　kē kē liáng guī cāng

风 儿 起， 叶 儿 落， 层 层 雨 儿 凉。
fēng ér qǐ　yè ér luò　céng céng yǔ ér liáng

星 儿 瘦， 云 儿 白， 夕 阳 染 金 黄。
xīng ér shòu　yún ér bái　xī yáng rǎn jīn huáng

天 变 短， 夜 变 长， 别 忘 添 衣 裳。
tiān biàn duǎn　yè biàn cháng　bié wàng tiān yī shang

山行
shān xíng

[唐] 杜牧
táng dù mù

远上寒山石径斜，
yuǎn shàng hán shān shí jìng xié

白云生处有人家。
bái yún shēng chù yǒu rén jiā

停车坐爱枫林晚，
tíng chē zuò ài fēng lín wǎn

霜叶红于二月花。
shuāng yè hóng yú èr yuè huā

我会理解

　　这首诗描写了诗人深秋时节在山中行走时见到的美丽景色。远望一条山石铺成的小路弯弯又斜斜地伸向高山之巅，近看山间白云缭绕的地方隐隐约约有几户人家。只因喜爱那枫林晚景，我停下车儿好好欣赏。枫叶在秋风、秋月、秋霜的搏击下，变得比二月的花还要火红，显示出旺盛的生命力。

fēng
风

táng   lǐ   qiáo
〔唐〕李 峤

jiě luò sān qiū yè
解 落 三 秋 叶,

néng kāi èr yuè huā
能 开 二 月 花。

guò jiāng qiān chǐ làng
过 江 千 尺 浪,

rù zhú wàn gān xié
入 竹 万 竿 斜。

我会理解

　　风,能吹落秋天的树叶,能催开春天的鲜花。风,刮过江面能掀起千尺巨浪,吹进竹林能使万竿倾斜。

第 6 单元　汉字真有趣

　　右图是甲骨文的"秋"字，字形就像一只蟋蟀。古人发现蟋蟀一般在秋天鸣叫，所以就借此表达秋天。"蟋蟀"下方的"火"字表示秋天收获谷物之后，用火焚烧秸秆消灭害虫。汉字是不是很有趣？让我们开启汉字的探索之旅，体会中华文明的伟大。

现代儿歌

chūn
春

lǐ dé mín
李 德 民

dǎ liang yí xià wǒ xiě xià de zhè ge zì
打 量 一 下 我 写 下 的 这 个 字
wǒ fā xiàn zhè ge zì de bǐ huà
我 发 现 ， 这 个 字 的 笔 画
xiàng sān yuè de zhī tiáo
像 三 月 的 枝 条
zòng zòng héng héng de shēn zhǎn zhe
纵 纵 横 横 地 伸 展 着
fàn zhe lǜ
泛 着 绿

dǎ liang yí xià wǒ xiě de zhè ge zì
打 量 一 下 我 写 的 这 个 字
wǒ fā xiàn zhè xiē zhī tiáo bān de bǐ huà jiān
我 发 现 ， 这 些 枝 条 般 的 笔 画 间
qiāo qiāo de dǎ qǐ gū duo
悄 悄 地 打 起 骨 朵

duì　　　xià miàn de zhè ge 　　　rì 　　　jiù shì
对 ，下 面 的 这 个 "日" 就 是

huā bāo hán zhe hóng
花 苞 含 着 红

hán zhe xiāng
含 着 香

hán zhe yí piàn piàn huā bàn yí yàng
含 着 一 片 片 花 瓣 一 样

měi lì de rì zi
美 丽 的 日 子

横平竖直

héng píng shù zhí

héng píng shù zhí xiǎn gōng lì
横 平 竖 直 显 功 力，

yí zì duō yì tiān shén mì
一 字 多 义 添 神 秘。

ào miào jiē zài liù shū zhōng
奥 妙 皆 在 "六 书" 中，

hào fán tǐ xiàn xíng yīn yì
浩 繁 体 现 "形 音 义"。

十口歌 (shí kǒu gē)

吴昌烈 (wú chāng liè)

一 口 方 正 四 边 直，
(yì kǒu fāng zhèng sì biān zhí)

二 口 重 叠 本 姓 吕，
(èr kǒu chóng dié běn xìng lǚ)

三 口 齐 赞 好 品 质，
(sān kǒu qí zàn hǎo pǐn zhì)

四 口 一 犬 运 机 器，
(sì kǒu yì quǎn yùn jī qì)

五 口 自 称 是 吾 辈，
(wǔ kǒu zì chēng shì wú bèi)

八 口 一 齐 吹 喇 叭，
(bā kǒu yì qí chuī lǎ bā)

十 口 相 连 读 古 诗。
(shí kǒu xiāng lián dú gǔ shī)

拆字诗（改选）
chāi zì shī （gǎi xuǎn）

[宋] 刘一止
sòng liú yī zhǐ

日月明朝昏，
rì yuè míng zhāo hūn

山风岚自起。
shān fēng lán zì qǐ

石皮破仍坚，
shí pí pò réng jiān

古木枯不死。
gǔ mù kū bù sǐ

可人何当来，
kě rén hé dāng lái

意若重千里。
yì ruò zhòng qiān lǐ

永言咏黄鹤，
yǒng yán yǒng huáng hè

志士心未已。
zhì shì xīn wèi yǐ

三字经（节选）

[宋] 王应麟

子不学，非所宜。

幼不学，老何为。

玉不琢，不成器。

人不学，不知义。

我 会 理 解

小孩子不肯好好学习，是很不应该的。一个人倘若小时候不好好学习，到老的时候很难有所作为。璞玉不经过匠人的打磨雕刻，不会成为精美的器物。人要是不懂得学习，就不可能知道万事万物之所以如此的道理。

第 7 单元 世界多奇妙

小小的汉字都这么有趣，大大的世界里更有无穷的奥秘等着我们去探索。让我们展开心灵的翅膀，在广阔的世界里自由飞翔。

花朵开放的声音

金波

我坚信

花朵开放的时候，

有声音。

它们唱歌，

演奏音乐，

甚至欢呼、喊叫。

蜜蜂能听见，

蝴蝶能听见，

那只七星瓢虫也能听见。

为什么我却听不见？

我摘下的鲜花，

已停止了开放。

泰山颂（节选）

季羡林

巍巍岱宗，众山之巅。

雄踞神州，上接九天。

吞吐日月，呼吸云烟。

阴阳变幻，气象万千。

兴云化雨，泽被禹甸。

齐青未了，养育黎元。

鲁青未了，春满人间。

星换斗移，河清海晏。

打翻了
dǎ fān le

张 晓 风
zhāng xiǎo fēng

太 阳 打 翻 了 ，
tài yáng dǎ fān le

金 红 霞 流 满 西 天 ；
jīn hóng xiá liú mǎn xī tiān

月 亮 打 翻 了 ，
yuè liang dǎ fān le

白 水 银 一 直 淌 到 我 床 前 ；
bái shuǐ yín yì zhí tǎng dào wǒ chuáng qián

春 天 打 翻 了 ，
chūn tiān dǎ fān le

滚 得 满 山 满 野 的 花 儿 ；
gǔn de mǎn shān mǎn yě de huā ér

清 香 打 翻 了 ，
qīng xiāng dǎ fān le

散 成 一 队 队 的 风 ；
sàn chéng yí duì duì de fēng

fēng ér dǎ fān le
风儿打翻了，
piāo rù wǒ xiǎo xiǎo chén chén de mèng
飘入我小小沉沉的梦。

五岁咏花
wǔ suì yǒng huā

[唐] 陈知玄
táng chén zhī xuán

huā kāi mǎn shù hóng
花 开 满 树 红 ，

huā luò wàn zhī kōng
花 落 万 枝 空 。

wéi yú yì duǒ zài
唯 余 一 朵 在 ，

míng rì dìng suí fēng
明 日 定 随 风 。

我 会 理 解

　　花儿开了，满树红彤彤的；花儿凋谢了，树枝上空空的。剩下的唯一的那朵花，明天也要随风飘落了。

qiān lǐ zhī xíng　　shǐ yú zú xià

千里之行，始于足下。

——《老子》

我会理解

　　走千里远的路程，需要从脚下的第一步开始。比喻事物的成功都是由小到大逐步积累而成的。

第八单元　我们多幸福

沐浴在爱的阳光下，我们像一粒种子，茁壮成长，攀登幸福的巅峰。

妈妈的爱

王清秀

妈妈的爱，

像草原。

我是小羊，

怎么跑也跑不到边。

妈妈的爱，

像蓝天。

我是小鸟，

怎么飞也飞在里面。

xié 鞋

lín wǔ xiàn
林 武 宪

wǒ huí jiā　　 bǎ xié tuō xià
我 回 家 ， 把 鞋 脱 下 ；
jiě jie huí jiā　　 bǎ xié tuō xià
姐 姐 回 家 ， 把 鞋 脱 下 ；
gē ge　　 bà ba huí jiā
哥 哥 、 爸 爸 回 家 ，
yě dōu bǎ xié tuō xià
也 都 把 鞋 脱 下 。

dà dà xiǎo xiǎo de xié
大 大 小 小 的 鞋 ，
shì yì jiā rén
是 一 家 人 ，
yī wēi zài yì qǐ
依 偎 在 一 起 ，
shuō zhe yì tiān de jiàn wén
说 着 一 天 的 见 闻 。

筷 子
kuài zi

lǐ fēi péng
李 飞 鹏

bà ba měi tiān qù dǎ yú
爸爸每天去打鱼。

bà ba de shǒu
爸爸的手，

shì wǒ men jiā de kuài zi
是我们家的筷子，

shēn dào hǎi lǐ qù
伸到海里去，

bǎ yú xiā jiā huí lái
把鱼虾夹回来。

yóu zǐ yín
游子吟

[唐] 孟郊
táng mèng jiāo

cí mǔ shǒu zhōng xiàn
慈母手中线，

yóu zǐ shēn shàng yī
游子身上衣。

lín xíng mì mì féng
临行密密缝，

yì kǒng chí chí guī
意恐迟迟归。

shuí yán cùn cǎo xīn
谁言寸草心，

bào dé sān chūn huī
报得三春晖。

我会理解

　　慈母用手中的针线，为远行的儿子赶制身上的衣衫。临行前一针针密密地缝缀,怕的是儿子回来得晚衣服破损。有谁敢说，子女那像小草般微弱的孝心，能够报答得了像春晖普泽的慈母的恩情呢？

rén zhě ài rén　　yǒu lǐ zhě jìng rén

仁者爱人，有礼者敬人。

ài rén zhě　　rén héng ài zhī

爱人者，人恒爱之；

jìng rén zhě　　rén héng jìng zhī

敬人者，人恒敬之。

mèng zǐ　　lí lóu zhāng jù xià

——《孟子·离娄章句下》

我会理解

　　有仁爱之心的人会关爱别人，懂得礼仪的人会尊敬别人。爱别人的人，别人也爱他；尊敬别人的人，别人也尊敬他。

第三部分
文化初传承

中华优秀传统文化积淀着中华民族最深沉的精神追求，代表着中华民族独特的精神标识，是中华民族生生不息、发展壮大的丰厚滋养。未来的我们，不光是中国的，更是世界的。

第 9 单元　爷爷过重阳

农历九月九日是重阳节，这是一个登高、赏菊、插茱萸的日子，也是一个尊老、爱老、敬老的节日。在这一天，请把最美好的祝福送给我们的爷爷、奶奶。

重阳节
chóng yáng jié

九月九，是重阳，
jiǔ yuè jiǔ　　shì chóng yáng

秋日晴，山风清。
qiū rì qíng　　shān fēng qīng

古人登高避天灾，
gǔ rén dēng gāo bì tiān zāi

我们登高赏风景。
wǒ men dēng gāo shǎng fēng jǐng

登高望远秋色美，
dēng gāo wàng yuǎn qiū sè měi

尊老爱幼享太平。
zūn lǎo ài yòu xiǎng tài píng

九月九歌
_{jiǔ yuè jiǔ gē}

九月里，九月九，
_{jiǔ yuè lǐ jiǔ yuè jiǔ}

爬山登高饮菊酒。
_{pá shān dēng gāo yǐn jú jiǔ}

戴上茱萸避邪恶，
_{dài shàng zhū yú bì xié è}

吃了花糕多长寿。
_{chī le huā gāo duō cháng shòu}

小小竹排画中游

小竹排，顺水流，
鸟儿唱，鱼儿游。
两岸树林密，
田野禾苗绿油油。
江南鱼米香，
小小竹排画中游。

九 日

[唐] 王勃

九日重阳节，
开门有菊花。
不知来送酒，
若个是陶家。

我会理解

重阳节那一天，正是菊花盛开的时节，几乎一开门，就能见到菊花。不知来送酒的人中，哪一个是陶渊明家的。

jìn shuǐ zhī yú xìng
近 水 知 鱼 性 ，
jìn shān shí niǎo yīn
近 山 识 鸟 音 。
dú shū xū yòng yì
读 书 须 用 意 ，
yí zì zhí qiān jīn
一 字 值 千 金 。

zēng guǎng xián wén
——《增 广 贤 文》

我会理解

临近水边，时间长了，就会懂得水中鱼的习性；靠近山林，时间长了，就会识得林中鸟儿的声音。要想文采出众，一字千金，就要在读书时下一番苦功夫。

第 10 单元　十五月儿明

　　八月十五月儿圆，全家围坐吃月饼，嫦娥奔月玉兔跳，又是一年中秋到。我们要珍惜与家人团聚的时光，了解中秋习俗，弘扬中华优秀传统文化。

童年的月光

刘艳芬

踏着丝丝月光

可以逆时间之流而上

回到童年，回到故乡

那里春暖花开

麦苗疯长

童年的小河边

青蒿茂密，蛙声一片

叫得天高云淡

喊得秋意阑珊

平阔的原野上，

又一轮麦苗在茁壮生长

清清亮亮的月光，照遍了田野，

也照见了鲁西平原上人们的辛勤和希望

<ruby>中<rt>zhōng</rt></ruby> <ruby>秋<rt>qiū</rt></ruby> <ruby>节<rt>jié</rt></ruby>

<ruby>月<rt>yuè</rt></ruby> <ruby>儿<rt>ér</rt></ruby> <ruby>斜<rt>xié</rt></ruby>，

<ruby>中<rt>zhōng</rt></ruby> <ruby>秋<rt>qiū</rt></ruby> <ruby>节<rt>jié</rt></ruby>，

<ruby>又<rt>yòu</rt></ruby> <ruby>吃<rt>chī</rt></ruby> <ruby>月<rt>yuè</rt></ruby> <ruby>饼<rt>bing</rt></ruby> <ruby>又<rt>yòu</rt></ruby> <ruby>供<rt>gòng</rt></ruby> <ruby>兔<rt>tùr</rt></ruby> <ruby>儿<rt></rt></ruby> <ruby>爷<rt>yé</rt></ruby>。

<ruby>穿<rt>chuān</rt></ruby> <ruby>新<rt>xīn</rt></ruby> <ruby>袜<rt>wà</rt></ruby>， <ruby>换<rt>huàn</rt></ruby> <ruby>新<rt>xīn</rt></ruby> <ruby>鞋<rt>xié</rt></ruby>，

<ruby>也<rt>yě</rt></ruby> <ruby>跟<rt>gēn</rt></ruby> <ruby>奶<rt>nǎi</rt></ruby>，

<ruby>也<rt>yě</rt></ruby> <ruby>跟<rt>gēn</rt></ruby> <ruby>姐<rt>jiě</rt></ruby>，

<ruby>上<rt>shàng</rt></ruby> <ruby>趟<rt>tàng</rt></ruby> <ruby>前<rt>qián</rt></ruby> <ruby>门<rt>mén</rt></ruby> <ruby>逛<rt>guàng</rt></ruby> <ruby>趟<rt>tàng</rt></ruby> <ruby>街<rt>jiē</rt></ruby>。

yuè liang dāng xiǎo chuán
月 亮 当 小 船

tiān shàng yí gè yuè liang
天 上 一 个 月 亮 ，

shuǐ lǐ yí gè yuè liang
水 里 一 个 月 亮 。

tiān shàng yuè liang jiān jiān
天 上 月 亮 尖 尖 ，

shuǐ lǐ yuè liang wān wān
水 里 月 亮 弯 弯 。

tiān shàng yuè liang guà xiōng jiān
天 上 月 亮 挂 胸 间 ，

shuǐ lǐ yuè liang dāng xiǎo chuán
水 里 月 亮 当 小 船 。

古朗月行（节选）

[唐] 李白

小时不识月，呼作白玉盘。
又疑瑶台镜，飞在青云端。

我会理解

　　小时候不认识月亮，将它呼作白玉盘。又怀疑是瑶台仙人的明境，飞在夜空的彩云中间。

望月怀远（节选）

[唐] 张九龄

海上生明月，
天涯共此时。
情人怨遥夜，
竟夕起相思。

我会理解

　　海面上升起明月，天各一方的人此刻共同欣赏着。多情的人因离别而抱怨夜长，生起思念之情而整夜不眠。

第 11 单元　冬日雪花飘

正沉浸在一片秋色中，转身却进入了冬天的怀抱。洁白的雪花飘进校园，飘进我们的心里，带来了快乐和梦想。

下雪天

下雪天，真好看，
房子变成胖老汉。
小树好像大白伞，
地上铺了白地毯。
我也变成小神仙，
嘴巴鼻子冒白烟。

数九歌

一九二九不出手，
三九四九冰上走，
五九六九，
沿河看柳，
七九河开，
八九雁来，
九九加一九，
耕牛遍地走。

tiē chuāng huā
贴 窗 花

guò nián la
过 年 啦，

tiē huā la
贴 花 啦，

mǎn chuāng zi
满 窗 子，

dōu hóng la
都 红 啦。

tiē gè māo
贴 个 猫，

tiē gè gǒu
贴 个 狗，

tiē gè xiǎo hái dǎ dī liu
贴 个 小 孩 打 提 溜，

tiē gè lǎo hóu chōu yān dǒu
贴 个 老 猴 抽 烟 斗，

tiē gè méi yá lǎo mǎn chuāng zǒu
贴 个 没 牙 佬 满 窗 走。

jiāng xuě
江 雪

táng liǔ zōng yuán
［唐］柳 宗 元

qiān shān niǎo fēi jué
千 山 鸟 飞 绝，

wàn jìng rén zōng miè
万 径 人 踪 灭。

gū zhōu suō lì wēng
孤 舟 蓑 笠 翁，

dú diào hán jiāng xuě
独 钓 寒 江 雪。

我 会 理 解

千山寂静，鸟儿都已飞走不见，条条小路上看不见人的踪迹。江面孤舟上，一位披戴着蓑笠的老翁，独自冒着寒雪在垂钓。

xuě
雪

jiǎng wéi qiáo
蒋 维 乔

dōng rì yán hán　　mù yè jìn tuō　　yīn yún sì
冬 日 严 寒 ， 木 叶 尽 脱 ， 阴 云 四

bù　　mí màn tiān kōng　　fēi yā qiān bǎi chéng qún　　wèi
布 ， 弥 漫 天 空 ， 飞 鸦 千 百 成 群 ， 未

mù guī lín　　yè bàn　　běi fēng qǐ　　dà xuě fēi
暮 归 林 。 夜 半 ， 北 风 起 ， 大 雪 飞 。

qīng chén　　dēng lóu yuǎn wàng　　shān lín wū yǔ　　yì bái
清 晨 ， 登 楼 远 望 ， 山 林 屋 宇 ， 一 白

wú jì　　dùn wéi yín shì jiè　　zhēn qí guān yě
无 际 ， 顿 为 银 世 界 ， 真 奇 观 也 。

我会理解

　　这个冬日非常寒冷，山上树的叶子全都落了。天上乌云密布，阴沉沉地布满了天空。成百上千的乌鸦，还没有天黑就已回到栖息的树林。半夜的时候，刮起了北风，大雪纷纷扬扬地下了起来。第二天的早晨起来后，登上楼台向远处眺望，树林和房屋，白茫茫的一片，就仿佛银装素裹的世界，真是好看极了。

第12单元　春节大团圆

过新年，人团圆。穿新衣，戴新帽。春节，是中华民族最重要的传统节日。这一天，家人团聚，美食满桌，香气四溢。让我们了解春节、快乐过节，让祝福流进每个人的心间。

guò nián le
过 年 了

lǐ shào bái
李 少 白

hū hū　　hū hū
呼 呼 ，　呼 呼 ，

xuě huā piāo
雪 花 飘 。

pī pā　　pī pā
噼 啪 ，　噼 啪 ，

fàng biān pào
放 鞭 炮 。

dōng qiāng　　dōng qiāng
咚 锵 ，　咚 锵 ，

wán lóng dēng
玩 龙 灯 。

hā hā　　hā hā
哈 哈 ，　哈 哈 ，

guò nián le
过 年 了 。

春节

李德民

如果有形状，
春节一定是圆形的，
团圆一样的圆，
圆满一样的圆。
如果有色彩，
春节一定是红色的，
红灯笼一样的红，
红春联一样的红。
如果有味道，
春节一定是甜的，
糖果一样的甜，
笑声一样的甜。

正月歌
zhēng yuè gē

初一饺子初二面，
chū yī jiǎo zi chū èr miàn

初三合子往家转，
chū sān hé zi wǎng jiā zhuàn

初四烙饼炒鸡蛋，
chū sì lào bǐng chǎo jī dàn

初五初六捏面团，
chū wǔ chū liù niē miàn tuán

初七初八炸年糕，
chū qī chū bā zhá nián gāo

初九初十白米饭，
chū jiǔ chū shí bái mǐ fàn

十一十二八宝粥，
shí yī shí èr bā bǎo zhōu

十三十四汆汤丸，
shí sān shí sì cuān tāng wán

正月十五元宵圆。
zhēng yuè shí wǔ yuán xiāo yuán

元日
yuán rì

[宋] 王安石
sòng wáng ān shí

爆竹声中一岁除，
bào zhú shēng zhōng yí suì chú

春风送暖入屠苏。
chūn fēng sòng nuǎn rù tú sū

千门万户瞳瞳日，
qiān mén wàn hù tóng tóng rì

总把新桃换旧符。
zǒng bǎ xīn táo huàn jiù fú

我会理解

鞭炮声中，旧的一年已经过去。春风吹拂，人们畅饮屠苏酒。千家万户迎来新年的旭日，用新门神换掉旧门神。

燕语声声

YAN YU
SHENG SHENG

声声

幼小衔接经典诵读

下

朱　峰　　刘一明　主编

济南出版社

编 委 会

主　　编：朱　峰　　刘一明

副主编：边敦明　　胡红霞

编　　写：张凤英　　张　玄　　李莉娜　　陈子荷

　　　　　李春燕　　吴冬梅　　胡　娟　　王　真

　　　　　王　宁　　赵珂珂　　蔡文静　　赵　敏

　　　　　郑　学　　郭建华　　贾义娜　　曹忠凯

　　　　　齐晓菲　　朱梓菲

目 录

第四部分
当春乃发生

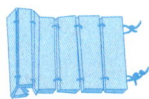

第五部分
散学归来早

第四部分
当青乃发生

小朋友，过了一个冬天，你一定想念春天这个伙伴了。

第 13 单元 希望的田野

你听，春的脚步近了！让我们换上春装，穿过树林，去看看田野里辛勤工作的农民伯伯，他们正在用汗水播洒春天的希望。

现代儿歌

等春天
děng chūn tiān

郭 思 思
guō sī sī

冬 天 过 去 了 ，
dōng tiān guò qù le

我 来 到 一 个 岔 路 口 等 。
wǒ lái dào yí gè chà lù kǒu děng

风 儿 擦 着 我 的 脸 颊 过 去 了 ，
fēng ér cā zhe wǒ de liǎn jiá guò qù le

雨 儿 擦 着 我 的 心 房 过 去 了 。
yǔ ér cā zhe wǒ de xīn fáng guò qù le

那 最 后 来 的 是 谁 呢 ？
nà zuì hòu lái de shì shuí ne

我 闭 上 眼 睛 想 。
wǒ bì shàng yǎn jing xiǎng

哦 ， 那 脚 步 声 我 听 出 来 了 ！
ò nà jiǎo bù shēng wǒ tīng chū lái le

一 定 是 花 儿 ！
yí dìng shì huā ér

给春天开门

谭旭东

风儿吹开了夜的眼睛，

让明亮的阳光

透过孩子的瞳仁。

小芽苞从树干上抬起头，

她想踮起脚尖

倾听雏鸟的啼声。

小草们也竖起了耳朵，

捕捉山岗上绿色的乐音。

一只小兔子蹦过来，

他用力拍打着大树，

朝大家大声喊着：

"给春天开门，给春天开门！"

chūn tiān
春天

jīn bō
金波

chén guāng jiào xǐng le fēng
晨光叫醒了风，
fēng jiào xǐng le shù
风叫醒了树，
shù jiào xǐng le niǎo
树叫醒了鸟，
niǎo jiào xǐng le yún
鸟叫醒了云。

yún biàn chéng le yǔ dī
云变成了雨滴，
dī luò zài dà hǎi
滴落在大海；
hǎi shuǐ biàn lán le
海水变蓝了，
xǐ liàng le shēng qǐ de tài yáng
洗亮了升起的太阳。

tài yáng zhēng zhe liàng yǎn jing
太阳睁着亮眼睛，

wàng zhe shù　　wàng zhe huā　　wàng zhe niǎo
望着树，望着花，望着鸟，

dào chù huā huā lǜ lǜ
到处花花绿绿，

dào chù rè rè nào nào
到处热热闹闹。

惜 时
xī shí

sān chūn huā shì hǎo
三 春 花 事 好，

wéi xué xū jí zǎo
为 学 需 及 早。

huā kāi yǒu luò shí
花 开 有 落 时，

rén shēng róng yì lǎo
人 生 容 易 老。

我 会 理 解

三春：春季三个月中的第一个月是农历正月，称孟春，二月称仲春，三月称季春。

三春时节花开正艳，若要求学必须趁早。再美丽的花也有凋谢的时候，时光匆匆，容颜易老。

yīng huā yóu pà chūn guāng lǎo
莺 花 犹 怕 春 光 老 ，

qǐ kě jiào rén wǎng dù chūn
岂 可 教 人 枉 度 春 。

zēng guǎng xián wén
——《 增 广 贤 文 》

我会理解

连黄莺和鲜花都害怕春天逝去，我们怎么可以虚度光阴呢？

kū mù féng chūn yóu zài fā
枯 木 逢 春 犹 再 发 ，

rén wú liǎng dù zài shào nián
人 无 两 度 再 少 年 。

zēng guǎng xián wén
——《 增 广 贤 文 》

我会理解

枯木到了春天还会再次发芽，而人却没有两次少年时光。

第14单元　太阳的光辉

阳光普照，万物生长。榜样如同太阳的光辉，具有无穷的力量。我们要追随榜样的脚步，传承榜样的力量，追求光、成为光、散发光。

小柳树
[美国] 艾尼

小柳树，站河边，
长长的枝条拂河面，
拍拍小鱼的头，
摸摸小虾的脸，
青蛙拉着柳树枝，
一前一后荡秋千。

桃 树 和 梨 树

这 山 望 见 那 山 高 ，
望 见 那 山 一 棵 桃 。
你 怎 知 道 它 是 桃 ？
叶 子 尖 尖 树 不 高 。

这 山 望 见 那 山 低 ，
望 见 那 山 一 棵 梨 。
你 怎 知 道 它 是 梨 ？
叶 子 团 团 树 又 低 。

雷锋叔叔，你在哪里

沿着长长的小溪，

寻找雷锋的足迹。

雷锋叔叔，你在哪里，

你在哪里？

小溪说：

昨天，他曾路过这里，

抱着迷路的孩子，

冒着蒙蒙的细雨。

瞧，那泥泞路上的脚窝，

就是他留下的足迹。

shùn zhe wān wān de xiǎo lù
顺着弯弯的小路，

xún zhǎo léi fēng de zú jì
寻找雷锋的足迹。

léi fēng shū shu nǐ zài nǎ lǐ
雷锋叔叔，你在哪里，

nǐ zài nǎ lǐ
你在哪里？

xiǎo lù shuō
小路说：

zuó tiān tā céng lù guò zhè lǐ
昨天，他曾路过这里，

bèi zhe nián mài de dà niáng
背着年迈的大娘，

tà zhe lù shàng de jīng jí
踏着路上的荆棘。

qiáo nà huā bàn shàng jīng yíng de lù zhū
瞧，那花瓣上晶莹的露珠，

jiù shì tā sǎ xià de hàn dī
就是他洒下的汗滴。

chéng zhe wēn nuǎn de chūn fēng
乘着温暖的春风，
wǒ men sì chù xún mì
我们四处寻觅。
à zhōng yú zhǎo dào le
啊，终于找到了——
nǎ lǐ xū yào xiàn chū ài xīn
哪里需要献出爱心，
léi fēng shū shu jiù chū xiàn zài nǎ lǐ
雷锋叔叔就出现在哪里。

苔 (tái)

[清] 袁枚 (qīng yuán méi)

白日不到处，(bái rì bú dào chù)

青春恰自来。(qīng chūn qià zì lái)

苔花如米小，(tái huā rú mǐ xiǎo)

也学牡丹开。(yě xué mǔ dān kāi)

我会理解

　　在没有阳光照射、植物不易生长的地方，苔藓却能露出绿意，展现出美丽的青春。苔花如同米粒般大小，却也要像国色天香的牡丹那样热烈绽放。

zhòng shù zhě bì péi qí gēn

种 树 者 必 培 其 根 ，

zhòng dé zhě bì yǎng qí xīn

种 德 者 必 养 其 心 。

chuán xí lù

—— 《 传 习 录 》

我 会 理 解

要想培育好一棵大树，要先把树根培育好；要想培养好一个人，要先把他的品德心性培养好。

第 15 单元　花开的声音

　　你听过风声、雨声，听过雷声、涛声，你听过花开的声音吗？花开的声音，要用耳倾听，更要用心去感受。花开的声音，是春天里最美的歌声。

táo huā
桃花

jīn jìn
金 近

táo huā　　táo huā
桃花，桃花，

zhāng kāi zuǐ ba
张开嘴巴，

zhǐ huì xiào
只会笑，

bù shuō huà
不说话，

hóng hóng de zuǐ chún
红红的嘴唇，

xiàng gè wá wa
像个娃娃。

蝴蝶花

金波

追、追，
蝴蝶飞。
飞远啦，
不见啦。
飞过竹篱笆，
变成一朵花。

早晨的大雨

李长之

哗啦哗啦的雨声，

惊醒了可爱的小雀，

欢喜了青蓝的小草花。

那时睡梦中的人，

还没有醒来。

chūn xiǎo
春 晓

táng　mèng hào rán
［唐］孟 浩 然

chūn mián bù jué xiǎo
春 眠 不 觉 晓，
chù chù wén tí niǎo
处 处 闻 啼 鸟。
yè lái fēng yǔ shēng
夜 来 风 雨 声，
huā luò zhī duō shǎo
花 落 知 多 少。

我 会 理 解

　　春日里贪睡，不知不觉天已破晓，耳畔都是鸟儿的啼叫声。昨天夜里风声、雨声一直不断，不知道会有多少花儿凋落到地上。

诗经·卫风·木瓜

投我以木瓜，
报之以琼琚。
匪报也，
永以为好也。

投我以木桃，
报之以琼瑶。
匪报也，
永以为好也。

投我以木李，
报之以琼玖，

fēi bào yě
匪 报 也 ，

yǒng yǐ wéi hǎo yě
永 以 为 好 也 。

我 会 理 解

　　你将木瓜投赠给我，我拿琼琚作回报给你。不是为了答谢你，而是为了我们能珍重情意，永久相好。

　　你将木桃投赠给我，我拿琼瑶作回报给你。不是为了答谢你，而是为了我们能珍重情意，永久相好。

　　你将木李投赠给我，我拿琼玖作回报给你。不是为了答谢你，而是为了我们能珍重情意，永久相好。

第16单元　春天的怀抱

　　春天，一个充满生机的季节，大地沐浴在和煦的阳光下，草儿轻柔地摇曳，花儿盛开在田野中，鸟儿欢快地歌唱。让我们一起奔向大自然，欣赏春日美景。

春天来了吗

常福生

春天来了吗？
去问柳枝上的嫩芽。

春天来了吗？
去问桃树上的鲜花。

春天来了吗？
去问池塘里的花鸭。

春天来了吗？
去问梁上的燕子妈妈。

春天的滋味

雪野

让自己变得小些
小些
再小些
小小的鼻子
凑近花朵
小小的眼睛
凑近花朵
小小的手脚
凑近花朵
哦，我就是
那一只蜜蜂
尝到了
春天的滋味

小鸭子

柯岩

小鸭子，小鸭子，
你们排队去哪里？
河里的冰还没化尽呢，
你们的性子有多么急……

谁说的，谁说的？
树发青，草发绿，
到处蹦着小虾米，
清清的水儿暖暖的……

闻 蛙

[宋] 赵蕃

惊蛰已数日，
闻蛙初此时。
能如喜风月，
不必问官私。

我会理解

惊蛰节气已经过去数天了，就在这个时候初次听闻池塘里的蛙声。能够如此喜赏风花雪月，就不必去管官场的名与利。

游春曲二首（其一）

[唐] 王涯

万树江边杏，

新开一夜风。

满园深浅色，

照在绿波中。

我会理解

在栽有大片杏树的江边园林里，一夜春风催得花都开了。整个园林里颜色深浅不同的杏花，映照在一江碧滢（yíng）滢的春水之中。

第五部分
散学归来早

"儿童散学归来早，忙趁东风放纸鸢。"放学了，我们一起捉迷藏、下围棋、玩滑板……课余生活就像一座彩虹桥，五彩缤纷、丰富多彩。

第 17 单元　小精灵的声音

　　我是藏在花丛里的蝴蝶，是躲在绿叶中的晚风，是唱着歌儿的蝉，是调皮可爱的小精灵……用童眼打量世界，用童心倾听乐音，让想象之花悄悄绽放。

花和蝴蝶

林焕彰

花是
不会飞的蝴蝶，
蝴蝶是
会飞的花。

蝴蝶是
会飞的花，
花是
不会飞的蝴蝶。

花是蝴蝶，
蝴蝶也是花。

晚风藏在花丛里

金波

晚风藏在花丛里，
不再呼啸，
不再吵闹，
像睡着了，静悄悄。
其实它和花丛在说话：
"我想有间屋，
我想有个家，
我想有个爸爸和妈妈。"

绿叶红花一齐回答：
"绿叶当你的爸爸，
红花当你的妈妈，
这片花丛就是你的家。"

^{chán}
蝉

lín huàn zhāng
林 焕 彰

chán de gē ér hěn hǎo tīng
蝉 的 歌 儿 很 好 听 ，

kě shì yào dào xià tiān cái chàng
可 是 要 到 夏 天 才 唱 ；

tā men xǐ huan zàn měi
它 们 喜 欢 赞 美

jīn sè de yáng guāng
金 色 的 阳 光 。

chán de gē ér hěn hǎo tīng
蝉 的 歌 儿 很 好 听 ，

kě shì tā men zhǐ ài zài shù shàng chàng
可 是 它 们 只 爱 在 树 上 唱 ；

suǒ yǐ yí dào le xià tiān
所 以 ， 一 到 了 夏 天 ，

shù dōu biàn chéng le
树 都 变 成 了

huì gē chàng de sǎn
会 歌 唱 的 伞 。

峨眉山月歌

[唐] 李白

峨眉山月半轮秋，
影入平羌江水流。
夜发清溪向三峡，
思君不见下渝州。

我会理解

　　高峻的峨眉山前，悬挂着半轮秋月。流动的平羌江水，倒映着晶亮的月影。夜间乘船出发，离开清溪直奔三峡。想你却难相见，恋恋不舍地去往渝州。

xiāng féng hǎo sì chū xiāng shí
相 逢 好 似 初 相 识 ，

dào lǎo zhōng wú yuàn hèn xīn
到 老 终 无 怨 恨 心 。

zēng guǎng xián wén
——《 增 广 贤 文 》

我会理解

与人相处总像初次相见那样谦恭，不论时过多久，也不要产生怨恨之心。

yì zhǎng yì tuì shān xī shuǐ
易 涨 易 退 山 溪 水 ，

yì fǎn yì fù xiǎo rén xīn
易 反 易 覆 小 人 心 。

zēng guǎng xián wén
——《 增 广 贤 文 》

我会理解

容易涨也容易退的是山间的溪水，容易反复无常的是小人的心思。

第18单元 胖乎乎的小手

　　世界上最美好的东西，皆由劳动、由人的双手而创造。幸福存在于生活之中，而生活存在于劳动之中。

手脑相长歌

陶行知

人生两个宝，

双手和大脑。

用脑不用手，

快要被打倒。

用手不用脑，

饭也吃不饱。

手脑都会用，

才算开天辟地的好大佬。

勤劳的小手

_{qín láo de xiǎo shǒu}

wǒ yǒu yì shuāng xiǎo xiǎo shǒu
我 有 一 双 小 小 手 ，

néng xiě néng huà huì zuò gōng
能 写 能 画 会 做 工 ，

qín dòng shǒu lái qín láo dòng
勤 动 手 来 勤 劳 动 ，

rén jiàn rén kuā ài bú gòu
人 见 人 夸 爱 不 够 。

劳动最光荣

大雁
dà yàn

huáng jìn sōng
黄 劲 松

tā men cóng shén me dì fang lái
它 们 从 什 么 地 方 来

měi nián chū xià
每 年 初 夏

zài lí kāi de tián yě shàng
在 犁 开 的 田 野 上

dài lái nán fāng de wèn hòu
带 来 南 方 的 问 候

tā men de chì bǎng
它 们 的 翅 膀

wéi rào zhe láo zuò zhě de tóu dǐng
围 绕 着 劳 作 者 的 头 顶

bú duàn de pán xuán
不 断 地 盘 旋

sì hū biǎo dá le yí gè jì jié
似 乎 表 达 了 一 个 季 节

duì bō zhòng de jìng yì
对 播 种 的 敬 意

tā men zài hé tān shàng pái chéng yì háng
它 们 在 河 滩 上 排 成 一 行

与天空中的飞翔

一样井然有序

充满着秩序的美

偶然　它们飞到课本上

像种子生出翅膀

扇动和煦的风

被阅读者领会

并加深了对远方的信仰

四时田园杂兴（其三十一）

sì shí tián yuán zá xìng　qí sān shí yī

sòng　fàn chéng dà
[宋]范成大

zhòu chū yún tián yè jì má
昼出耘田夜绩麻，

cūn zhuāng ér nǚ gè dāng jiā
村庄儿女各当家。

tóng sūn wèi jiě gòng gēng zhī
童孙未解供耕织，

yě bàng sāng yīn xué zhòng guā
也傍桑阴学种瓜。

我会理解

　　白天去田里从事劳动，夜晚在家中搓麻线，村中男男女女各有各的家务劳动。小孩子虽然不会耕田织布，也在那桑树荫下学着种瓜。

xiāng cūn sì yuè
乡村四月
sòng wēng juàn
[宋] 翁卷

lǜ biàn shān yuán bái mǎn chuān
绿 遍 山 原 白 满 川 ，

zǐ guī shēng lǐ yǔ rú yān
子 规 声 里 雨 如 烟 。

xiāng cūn sì yuè xián rén shǎo
乡 村 四 月 闲 人 少 ，

cái liǎo cán sāng yòu chā tián
才 了 蚕 桑 又 插 田 。

我会理解

　　山坡田野间草木茂盛，稻田里的水色映着天光。在如烟似雾的细雨中，杜鹃鸟不时地鸣叫着。乡村的四月农家真是少有闲人啊，刚刚结束了蚕桑的事又要插秧了。

第19单元 沐浴爱的阳光

沐浴着爱的阳光，休憩在爱的港湾，感恩之心是我们每个人不可或缺的阳光雨露，滋润着我们向真、向善、向美。

小宝宝，快快睡觉

乌鸦喜鹊，树上睡了。

小狗小猫，窝里睡了。

星星月亮，云里睡了。

小宝宝，在妈妈怀里睡了。

捏泥巴

金波

先捏一只鸡，
再捏一只鸭，
捏只山羊咩咩叫，
捏只母鸡咕咕哒，
捏只小猴蹦蹦跳，
捏只青蛙呱呱呱，
捏个小孩就是我，
快快乐乐是一家。

liǎng gè hū lū lū
两个呼噜噜

wáng yí zhèn
王宜振

xiǎo māo shuì de xiāng
小猫睡得香，

xiǎo māo shuì de shú
小猫睡得熟，

xiǎo māo xǐ huan dǎ hū lu
小猫喜欢打呼噜，

hū lū lū   hū lū lū
呼噜噜，呼噜噜……

bà ba shuì de xiāng
爸爸睡得香，

bà ba shuì de shú
爸爸睡得熟，

bà ba xǐ huan dǎ hū lu
爸爸喜欢打呼噜，

hū lū lū   hū lū lū
呼噜噜，呼噜噜……

liǎng gè hū lū lū
两个呼噜噜，

chuān chéng yí chuàn táng hú lu
穿 成 一 串 糖 葫 芦 ；

liǎng gè hū lū lū
两 个 呼 噜 噜 ，

xià pǎo liǎng zhī xiǎo lǎo shǔ
吓 跑 两 只 小 老 鼠 。

墨萱图（节选）

[元] 王冕

灿灿萱草花，

罗生北堂下。

南风吹其心，

摇摇为谁吐？

慈母倚门情，

游子行路苦。

我会理解

　　灿灿的萱草花，生在北堂之下。南风吹着萱草，萱草摇摆着是为谁吐露芬芳？慈祥的母亲倚着门盼望着孩子归来，游子远行路上很辛苦啊！

　　萱草花被称为中国的母亲花。这首诗表达了在外的游子对故乡母亲的深切思念和不能在母亲身边尽孝的愧疚之情。

fán shì rén　jiē xū ài
凡 是 人 ， 皆 须 爱 ；
tiān tóng fù　　dì tóng zài
天 同 覆 ， 地 同 载 。

dì zǐ guī
——《弟 子 规 》

我 会 理 解

　　人与人之间要相互爱护，因为我们头顶同一片蓝天，
脚踏同一片热土。

第 20 单元　童年里的歌声

"池塘边的榕树上，知了在声声叫着夏天；操场边的秋千上，只有蝴蝶停在上面……"童年，就像放声歌唱的小鸟，带着无限的希冀展翅高飞。

zhǎo péng you
找 朋 友

qǐng dà jiā　　dōu zhàn qǐ
请 大 家 ， 都 站 起 ，

wǒ de péng you zài nǎ lǐ
我 的 朋 友 在 哪 里 ？

yī èr sān　　sān èr yī
一 二 三 ， 三 二 一 ，

wǒ de péng you jiù shì nǐ
我 的 朋 友 就 是 你 ！

hāi　　hāi　　jiù shì nǐ
嗨 ， 嗨 ， 就 是 你 ，

zán men yì tóng zuò yóu xì
咱 们 一 同 做 游 戏 。

qiāo qiāo bǎn
跷跷板

fán fā jià
樊 发 稼

qiāo qiāo bǎn bǎn qiāo qiāo
跷 跷 板 ， 板 跷 跷 ，

yì tóu dī yì tóu gāo
一 头 低 ， 一 头 高 。

nǐ yí qiào xiào hā hā
你 一 翘 ， 笑 哈 哈 ；

wǒ yí qiào hā hā xiào
我 一 翘 ， 哈 哈 笑 。

qiào ya qiào qiào ya qiào
翘 呀 翘 ， 翘 呀 翘 ，

nǐ gāo wǒ dī
你 高 —— 我 低 ，

nǐ dī wǒ gāo
你 低 —— 我 高 。

贴鼻子

常瑞

排好队，来玩耍，

蒙上眼，不说话。

大家来玩贴鼻子，

我拿鼻子向前跨。

一步、两步，

三步、四步，

哈哈……

鼻子贴到嘴巴下。

村居
cūn jū

[清] 高鼎
qīng gāo dǐng

草长莺飞二月天，
cǎo zhǎng yīng fēi èr yuè tiān

拂堤杨柳醉春烟。
fú dī yáng liǔ zuì chūn yān

儿童散学归来早，
ér tóng sàn xué guī lái zǎo

忙趁东风放纸鸢。
máng chèn dōng fēng fàng zhǐ yuān

我会理解

农历二月，青草渐渐发芽生长，黄莺飞来飞去。杨柳长长的绿枝条随风摆动，好像在轻轻地抚摸着堤岸。水泽和草木间的水汽，如同烟雾般凝集着。村里的孩子们早早就放学回家了，赶忙趁着东风出去放风筝。

所见
suǒ jiàn

qīng yuán méi
[清] 袁枚

mù tóng qí huáng niú
牧童骑黄牛，
gē shēng zhèn lín yuè
歌声振林樾。
yì yù bǔ míng chán
意欲捕鸣蝉，
hū rán bì kǒu lì
忽然闭口立。

我会理解

　　牧童骑在黄牛背上，嘹亮的歌声在林中回荡。他忽然想要捕捉树上鸣叫的知了，就马上停止唱歌，一声不响地站立在树旁。

第21单元 可爱的家乡

月是故乡明，水是家乡甜。家乡，是养育我们的地方。齐鲁大地，山清水秀，人杰地灵。济南城内有七十二名泉，名扬天下。

大明湖
dà míng hú

dà míng hú lǐ yǒu sān bǎo
大 明 湖 里 有 三 宝,
pú cài   lián ǒu hé xiāng cǎo
蒲 菜 、 莲 藕 和 香 草。

济南童谣

"东芙蓉，西奎文，
曲水亭街后宰门"，
"东更道，西更道，
王府池子二郎庙"。
前帝馆，后营坊，
正觉寺街南门上。
走桥不见桥，
狮子头上一座庙。

yuè liang nǎi nai
月 亮 奶 奶

yuè liang nǎi nai　　hào chī jiǔ cài
月 亮 奶 奶，好 吃 韭 菜，

jiǔ cài qiǎo là　　hào chī huáng guā
韭 菜 巧 辣，好 吃 黄 瓜，

huáng guā yǒu zhǒng　　hào chī yóu bǐng
黄 瓜 有 种，好 吃 油 饼，

yóu bǐng pèn xiāng　　hào hē miàn tāng
油 饼 喷 香，好 喝 面 汤，

miàn tāng xī làn　　hào chī jī dàn
面 汤 稀 烂，好 吃 鸡 蛋，

jī dàn xīng qi　　hào chī gōng jī
鸡 蛋 腥 气，好 吃 公 鸡，

gōng jī yǒu máo　　hào chī yīng táo
公 鸡 有 毛，好 吃 樱 桃，

yīng táo yǒu hé　　hào chī niú dú
樱 桃 有 核，好 吃 牛 犊，

niú dú pǎo de kuài　　lā shàng zhuō zi bǎi shàng cài
牛 犊 跑 得 快，拉 上 桌 子 摆 上 菜，

nǐ yì zhōng　　wǒ yì zhōng　　zán liǎ bài gè gān dì xiong
你 一 盅，我 一 盅，咱 俩 拜 个 干 弟 兄。

陪李北海宴历下亭（节选）

péi lǐ běi hǎi yàn lì xià tíng （jié xuǎn）

táng dù fǔ
［唐］杜甫

dōng fān zhù zào gài
东藩驻皂盖，

běi zhǔ líng qīng hé
北渚凌清河。

hǎi yòu cǐ tíng gǔ
海右此亭古，

jǐ nán míng shì duō
济南名士多。

我会理解

李太守在此处驻留，撑开了黑色蓬伞，大明湖北岸已经逼近清河边。历下亭是山东区域最古老的亭子，济南是名士辈出的地方。

唐代大诗人杜甫到临邑看望弟弟杜颖，途经济南，恰逢北海郡太守李邕在济南，这首诗写他们游宴于历下亭的事。

趵突泉（节选）
bào tū quán（jié xuǎn）

[元] 赵 孟 頫
yuán zhào mèng fǔ

泺水发源天下无，
luò shuǐ fā yuán tiān xià wú

平地涌出白玉壶。
píng dì yǒng chū bái yù hú

云雾润蒸华不注，
yún wù rùn zhēng huá bú zhù

波涛声震大明湖。
bō tāo shēng zhèn dà míng hú

我会理解

　　趵突泉是泺水的源头，神奇雄伟，天下无双；泉水平地上涌，状如晶莹玉壶。升腾的云气水雾飘散弥漫，润蒸着高峻的华不注山；翻滚的波涛声如沉雷，震荡着大明湖。

　　趵突泉是我们济南的象征，生在趵突泉畔，喝着趵突泉水长大的我们要爱泉护泉，做泉城的代言人。

第 22 单元　星光下的自然

　　大自然奇幻无穷，春夏秋冬，风云雨雪，日月星辰，美不胜收。仔细观察，处处都有奇妙的景象。

萤火虫

叶圣陶

萤火虫，点灯笼，
飞到西，飞到东。
飞到河边上，小鱼在做梦。
飞到树林里，小鸟睡正浓。
飞到张家墙，张家姐姐忙裁缝。
飞到李家墙，李家哥哥做夜工。
萤火虫，萤火虫，
何不飞上天，
做个星儿挂天空。

繁星（节选）

冰心

繁星闪烁着——

深蓝的太空，

何曾听得见他们的对话？

沉默中，

微光里，

他们深深的互相颂赞了。

星星和花

金波

我最喜欢夏天

满地的鲜花；

这里一朵，

那里一朵，

真比天上的星星还多。

到了夜晚，

花儿睡了，

我数着满天的星星；

这里一颗，

那里一颗，

又比地上的花儿还多。

舟夜书所见
zhōu yè shū suǒ jiàn

[清] 查慎行
qīng zhā shèn xíng

yuè hēi jiàn yú dēng
月 黑 见 渔 灯 ,

gū guāng yì diǎn yíng
孤 光 一 点 萤 。

wēi wēi fēng cù làng
微 微 风 簇 浪 ,

sàn zuò mǎn hé xīng
散 作 满 河 星 。

我会理解

　　漆黑的夜里不见月亮，只见那渔船上的灯光，孤独的灯光在茫茫的夜色中，像萤火虫一样发出一点微亮。微风阵阵，河水泛起层层波浪，渔灯的微光在水面上散开，河面上好像撒落了无数的星星。

rì yuè xīng
日 月 星

rì zé yǒu rì　　yè zé yǒu yuè
日 则 有 日 ， 夜 则 有 月 ，

yè yòu yǒu xīng
夜 又 有 星 。

sān zhě zhī zhōng　　rì zuì míng
三 者 之 中 ， 日 最 明 ，

yuè cì zhī　　xīng yòu cì zhī
月 次 之 ， 星 又 次 之 。

我 会 理 解

　　白天，天上有太阳；夜晚，天上有月亮，还有星星。三者之中，太阳最亮，月亮排第二位，星星的亮度比它们的都要弱一些。

第 23 单元　童谣里的节气

　　"春雨惊春清谷天，夏满芒夏暑相连。"晨昏更替，四季轮回，每个节气都是大地的诗，富含浪漫的文化底蕴。

二十四节气歌

chūn yǔ jīng chūn qīng gǔ tiān
春 雨 惊 春 清 谷 天 ，

xià mǎn máng xià shǔ xiāng lián
夏 满 芒 夏 暑 相 连 。

qiū chǔ lù qiū hán shuāng jiàng
秋 处 露 秋 寒 霜 降 ，

dōng xuě xuě dōng xiǎo dà hán
冬 雪 雪 冬 小 大 寒 。

小暑
xiǎo shǔ

李 少 白
lǐ shào bái

知 了 叫 声 声
zhī liǎo jiào shēng shēng

荷 花 映 日 红
hé huā yìng rì hóng

小 暑 天 气 热
xiǎo shǔ tiān qì rè

乘 凉 迎 晚 风
chéng liáng yíng wǎn fēng

数 星 星 ， 追 萤 虫
shǔ xīng xing zhuī yíng chóng

童 话 世 界 好 迷 人
tóng huà shì jiè hǎo mí rén

蒹葭（节选）
jiān jiā jié xuǎn

[先秦]无名氏
xiān qín wú míng shì

蒹葭苍苍，
jiān jiā cāng cāng

白露为霜。
bái lù wéi shuāng

所谓伊人，
suǒ wèi yī rén

在水一方。
zài shuǐ yì fāng

我会理解

　　水边的芦苇茫茫苍苍，清晨的露水结成白霜。我怀念的那个人啊，此时就站在那对岸上。

shí yǔ （jié xuǎn）
时 雨 （节 选）

sòng lù yóu
［宋］陆 游

shí yǔ jí máng zhòng
时 雨 及 芒 种，
sì yě jiē chā yāng
四 野 皆 插 秧。
jiā jiā mài fàn měi
家 家 麦 饭 美，
chù chù líng gē cháng
处 处 菱 歌 长。

我 会 理 解

　　应时的雨水在芒种时节纷纷而至，田野里处处都有农人在忙着插秧。家家户户吃着麦粒和豆煮的饭，处处都飘荡着采菱女的歌声。

声律启蒙·二冬（一）（节选）

[清] 车万育

春对夏，秋对冬。

暮鼓对晨钟。

观山对玩水，绿竹对苍松。

冯妇虎，叶公龙，

舞蝶对鸣蛩。

衔泥双紫燕，课蜜几黄蜂。

春日园中莺恰恰，

秋天塞外雁雍雍。

秦岭云横，迢递八千远路；

巫山雨洗，嵯峨十二危峰。

我会理解

春对夏，秋对冬。

黄昏的鼓声对清晨的钟鸣。

游览名山对赏玩溪水，翠绿色的竹子对苍青色的松树。

冯妇打虎，叶公好龙。

飞舞的蝴蝶对鸣叫的蟋蟀。

紫燕双双衔泥筑巢，黄蜂数只采花酿蜜。

春天的花园里黄莺"恰恰"欢唱，深秋的塞外大雁"雍雍"哀鸣。

高峻的秦岭，云遮雾罩，八千里山路绵延；秀美的巫山，雨过初晴，十二座高峰耸立。

第 24 单元　夏天里的成长

　　夏天万物长，不热不长大。小朋友，夏天是万物迅速生长的季节，夏天的长是飞快的长、跳跃的长，是活生生的看得见的长。

夏天到

张继楼

夏天到，夏天到，
山间水里真热闹。
草儿乐得绿油油，
小花咧嘴哈哈笑。
河里清水哗啦响，
鱼儿活蹦又乱跳。
蝉儿趴在柳叶上，
鼓起肚皮高声叫，
知——了，知——了，
夏天夏天真热闹。

夏天是个娃娃

欧澄裁

夏天，

是个娃娃——

说笑就笑，

满脸堆花；

说哭就哭，

泪水哗哗。

难怪妈妈说

夏天像我，

我也像他。

大声说着光芒（改选）

桑恒昌

无论有没有阳光，
无论有没有月光，
也无论

有没有星光，

化作一池清水。

汇成湖泊，

涌成溪流，

总是把自己

活成

一束光。

小池
xiǎo chí

[宋]杨万里
sòng yáng wàn lǐ

quán yǎn wú shēng xī xì liú
泉眼无声惜细流，

shù yīn zhào shuǐ ài qíng róu
树阴照水爱晴柔。

xiǎo hé cái lù jiān jiān jiǎo
小荷才露尖尖角，

zǎo yǒu qīng tíng lì shàng tóu
早有蜻蜓立上头。

我会理解

泉水的出口静静流出细小的水流，池水像一面镜子，映照出池边的树木，让晴朗天空下的小池一片阴凉。池中的小荷刚把它含苞欲放的尖角露出水面，就有蜻蜓立在上面。

杨万里从普通的小池塘里找到诗意，小池中的泉眼、细流、树阴、小荷、蜻蜓组成了一幅美丽的图画。

谚语

yàn yǔ

liù yuè liù　　kàn gǔ xiù
六 月 六 ， 看 谷 秀 。

我会理解

农历六月初六这天观看庄稼抽穗开花。

chǔ shǔ bù chū tóu　　gē gǔ wèi lǎo niú
处 暑 不 出 头 ， 割 谷 喂 老 牛 。

我会理解

　　处暑的时候谷子如果还不出穗，就没有收成的希望了，就像无用的荒草一样，只能割掉喂牛吃了。

图书在版编目（CIP）数据

　　燕语声声：幼小衔接经典诵读 / 朱峰，刘一明主编 .
济南：济南出版社，2024. 7. -- ISBN 978-7-5488
-6626-8

　　Ⅰ . G613.2

　　中国国家版本馆 CIP 数据核字第 2024PZ8771 号

燕语声声：幼小衔接经典诵读
YAN YU SHENG SHENG YOUXIAO XIANJIE JINGDIAN SONGDU
朱　峰　刘一明　主编

出 版 人　谢金岭
责任编辑　毕姗姗
装帧设计　纪宪丰　张　倩

出版发行　济南出版社
地　　址　山东省济南市二环南路 1 号（250002）
总 编 室　0531-86131715
印　　刷　济南继东彩艺印刷有限公司
版　　次　2024 年 7 月第 1 版
印　　次　2024 年 8 月第 1 次印刷
开　　本　170mm×230mm　16 开
印　　张　11.25
字　　数　84 千字
书　　号　ISBN 978-7-5488-6626-8
定　　价　36.00 元（上下册）

如有印装质量问题 请与出版社出版部联系调换
电话：0531-86131716